Manhãs de sabre

Manhãs de sabre

Luiz Ruffato

© FARIA E SILVA Editora, 2021

Editor
Rodrigo de Faria e Silva

Revisão
Diogo Medeiros

Projeto gráfico
Carlos Lopes Nunes

Diagramação
Estúdio Castellani

Capa
Carlos Lopes Nunes

Imagem da capa
Christ's entry into Brussels, Detail No.2 Pintura de James Ensor

Dados internacionais para catalogação (CIP)

R922m
Ruffato, Luiz
Manhãs de sabre / Luiz Ruffato, – São Paulo: Faria e Silva Editora, 2021
128 p.

ISBN 978-65-89573-34-0

1. B869.1 – Poesia brasileira

FARIA E SILVA Editora
Rua Oliveira Dias, 330 | Cj. 31 | Jardim Paulista
São Paulo | SP | CEP 01433-030
contato@fariaesilva.com.br
www.fariaesilva.com.br

O tempo passado e o tempo futuro,

O que poderia ter sido e o que foi,

Convergem para um só fim, que é sempre presente.

T.S. Eliot

as paisagens

"Que importa o som se o silêncio
na solidão explode em ruídos?",
interroga-se Adiel, o anjo surdo.

Na rua das pedras afloradas
as labaredas que da lareira
fulgem apascentam o indócil
rebanho noturno. Há alguém,
ou algo, confabulamos, por
detrás da porta cerrada
nos aguardando: na mão
esquerda um ábaco, uma adaga
na mão direita. Num imenso livro
confere a incompleta hagiografia.
A névoa orvalha os nomes sussurrados.
No abismo da hora, a ingente
infância a espinha percorre-nos.

Imerso em Ouro Preto,
nossa ruína. Os anos
na cacunda, o Pico
do Itacolomi, a névoa.
Novos fantasmas
habitam-me.

Imerso no labirinto,
encontro-a, a velha,
mal cabendo nos olhos
os trapos. O rosto, toco-o:
toco em nada. Seus fantasmas
habitam-nos.

Nus, caminhamos pela areia
acetinada do Oceano Atlântico.
A floresta é testemunha.

À tarde – era inverno –
visitamos a igreja
onde o silêncio para todo

o sempre agrilhoado foi.
Jogamos cartas no hotel
e o mar, absorto, capitulava

aos frágeis barcos pesqueiros.
Na ilha descansamos o fardo,
e, nus, caminhamos pela areia.

Eram mais felizes que nós,
os índios que aqui viviam?,
conjecturamos na madrugada.
Arranquemos, pois, os tacos
que revestem a sala:
restaram cinzas das fogueiras?
Derrubemos as paredes dos cômodos:
soará alguma voz, talvez?
Compartilha conosco essas dúvidas,
alguém? Ninguém, na monolítica
escuridão da rua.
Serão mais felizes que nós,
aqueles que habitarão essa casa
no futuro?, conjecturamos
na magnífica carruagem noturna.

(Para Chico Pimenta)

Efêmeros sentíamo-nos
sob as imensas montanhas.
As mansas tardes de julho
pedras e árvores fumavam
na cerração submersas.
Lugares distantes e desertos
inventávamos, onde ao nosso lado
caminhavam lentas as horas,
a disciplina de um cão.
Havia um gato enrolado
em seu próprio tapete
e um calendário marcava
os dentes perdidos. Adultos,
os relógios corriam, desesperados.

Tem que haver um território,
amplo, neutro, ensolarado,
onde os errantes solitários,
após a tediosa jornada,
descansem os olhos exaustos
equilibrando-os em fios
habitados de pássaros transparentes;
onde as tardes estendam-se
encharcadas de tempo;
onde cultivem-se portentosas
alegrias instantâneas.

Tem que haver um território,
amplo, neutro, ensolarado,
onde os errantes solitários
encontrem enfim um termo.

(Para Donizete Galvão)

Na noite dos fatos
aguardo abril
na janela do quarto.

Abril entrará
num pulo de gato
numa pedra na vidraça.

Com sua luz de sangue
iluminará objetos: o mastro
da cama a bandeira

– camisa desfraldada –
seguirá o rastro
da pólvora a mesa

meu rosto e o brilho
de meus olhos pardos
e com seu fogo

incendiará o lençol
queimará o lastro
e tudo irá aos ares.

Porque abril me encontrará
sedento ou farto
já morto ou quase.

a sedição dos mitos

Adiel, o *angelus novus*, conclama:
"Picadas não indica a antepassada
história. Nós a foice as abriremos".

Sobre os ombros carregam
os dias o andor
de inverídicas primaveras.
Ao Grande Umbral encostado
– os dedos nicotínicos –
assistimos à inauguração
das póstumas manhãs.

                       O ritual.

Embaralharam-se-me os dias!
Já não me possui o sono,
chagas mapeiam os pés.
A Eternidade é-me, involuntária.
Alterna-se a legião de anjos
a bicar meu estômago.
Abandonou-me a sombra,
exausta da espera.
Ahaverus, Ahaverus, nosso caminho
linhas tortas constrói.

Eis o pó, eis a grama
do Jardim da Discórdia.
Quem, nossos temores cavalga?
Quem, nosso pesadelo orquestra?

Escutai, homens, a mensagem:
nos escuros becos da cidade
prepara-se a sedição dos mitos.

Além, Cronos, voraz, devora os dias.

Morta no céu a lua,
Lilith às mãos retoma
os sargaços que boiam
no infindo Universo.
Expulsos também fomos
e os pés o retorno esqueceram.
Como restabelecer o Caos
primevo se no labirinto
emudecem-se as perquirições?

E há aquelas manhãs em que sedento
a lucidez recobro e os olhos a arquitetura
dos velhos canos de chumbo percorrem.
A violência das horas encachoeira-se
aos nossos pés e o calcanhar atinge.
Quantos dias, ainda, quantos dias,
socorrerão aos leões nossos nomes?

Sob o assoalho há um deus e as galinhas
bicam-no e os cães rechaçam-no.

Deus, que é Deus,
caminha felino pelo jardim,
joga dados na casa vizinha.

Deus, que é Deus,
ausenta-se nos fins de semana
e dias santos de guarda.

Deus, que é Deus,
profere o voto de minerva,
sorve vinho com sapiência.

Deus: que é Deus.

Nu, como a Terra um dia há de ser,
estou. Os medíocres desafiei
e Aquele Que É ameaça-me. Sob os pés,
nada, nada sobre a cabeça. Dos amigos,
os olhos se apagaram, e ninguém
em minha língua uma moeda depositou.
Condenado, hirtas madrugadas
o rosto me lamberão. Jogarei cartas
com o tédio, de mim mesmo vizinho.
Até que o Universo num ponto vazio
e negro se transforme, meu reino –
disse O Príncipe, cujo nome não se pronuncia.

Em meus braços arde o fogo
e o Tempo para longe seu rebanho estuma.
Nada sabemos, ó Obscuro, e os cães
nossos sonhos hidrópicos estraçalham
a cada manhã. Diga-nos, Guardião,
como enxergar, se só temos olhos?

Da quinta idade somos: os homens de ferro –
aqueles cujos deuses nos deserdaram, aqueles
cujo amor na dura carcaça não penetra. Somos
os inválidos, os que sem dentes nascem e
sem dentes perecem. Somos a derrocada,
a noiva para sempre aguardada: o fundo
do fundo do abismo. Homens de ferro, sim,
aqueles cujas juntas a ferrugem já devora.

À mesa tomam assento os eleitos
alvas toalhas asseada comida.
Bebem conversam enfastiam-se.
Ao relento observamos, além
da janela. Sendas inúmeras
de mãos dadas percorremos,
vasta solidão. Às nossas costas,
quanta ruína! Putrefazem-se
os mortos sob os monturos,
faz fortuna a peste. E a nós
nos foi dado os sinais aguardar.

Quem a essa hora
bate à porta?
Decerto Pandora
e sua caixa.

Decerto Pandora
e sua caixa
de esperanças repleta.

Pisas comedida etéreos
espaços em busca de pássaros
que à mão se dissolvem.

Catalogas emoções
estendendo esteiras
nas noites insones.

E as pacíficas aventuras
em que te envolves
são vagas a bater eternamente
em rochedos de um mar absoluto.

Se tens nos olhos espalmados
a felicidade adstringente, ó Súcubus,
por que a procuras em raios de sol
que não campos de trigo?

Às montanhas elevo os olhos
e nenhum lamento de sua garganta
ecoa. Quando sob os pés fendeu
a terra, onde estavas? Quando
meu nome negaram três vezes,
onde estavas? E quando na solidão,
herético, dilacerar meu pulso ousei,
quem, entre nuvens, o veredito terrível
decretou? A cada tarde se põem
meus devaneios sem que desmoronem pedras,
sem que o dourado bezerro se espatife.

Enclausurado, as orelhas
afila, o tigre. Lento,
o espaço entre o sofá
e a televisão percorre,
o imenso bigode desliza
por sobre o pó e as teias
de aranha. Inquieto espia
pela janela a noite,
com cobiça. Grunhe, as patas
dianteiras ergue, a porta força.
O triste tigre trancafiado.

– Coração é terra que ninguém
vai nele – ela dizia, na madrugada,
cães na calçada madornando, desmaiadas
violetas em embalagens de margarina
no parapeito da janela serenada.

– Não descansarão meus pés
até que o mapa-múndi no Corpo
de Cristo se consubstancie,
até que cruzem todos os mares
meus enregelados pulsos cocainômanos.

– Um abismo à minha esquerda,
à direita minha cruz, solidária.
Nas corografias, inserta está minha
ascendência. Já retroceder não posso,
morre-se de disenteria por aqui.

– Meu país? Meus pés,
meus pais.

Prostituídos olhos, lascivos lábios,
orgulhosas coxas, satânicos seios,
doidivanas nádegas, vulcânica vulva.

– Mentiram-nos, desde o sempre: Deus
não o há, e nem demônios. Sós,
nossas noites chuleamos e a mão
da manhã arrebata-nos o arremate.

as máscaras singulares

I

Abertos os braços o mapa sobre a escrivaninha
solidário oferece-se: fios azuis da lívida mão
sob a pele, contornos às margens – cidades,
vilas, povoados. Buscam os olhos a mágica
palavra, dentre a constelação de topônimos,
que, quando recitada, da caverna a oculta
porta abre. E do fundo da úmida
penumbra, lá fora, a desfilar, veremos
sombras. O cortejo: o tesouro.

II

Habitam as sombras a cidade que habita
um corpo que nela habita num momento, esse.
À cidade retornar é diverso de nela
permanecer, mesmo que em pensamento.
Volver: nas ruas subsumir a própria face
espelhada. Estar no porão da cidade todo
tempo: ela mesma reconhecer-se, objetos
olvidados na memória reordenar. Os olhos
de Medusa enfrentar e torná-la pétrea.

III

Do derradeiro pântano emerge a cidade.
Pelo vento fustigada, a vasta cabeleira
verdes ondas nos mares de morro provoca.
A longuíssima serpente sempre renovada
água doce destila, entre punhais de sol.
Na moldura das janelas, vozes. Às ladeiras
ascendem coxas sustentando corpos escassos.
Seios e seixos nas notívagas mãos. Ah!
O tempo os cabelos e os dentes arranca-nos.

IV

Esfinge, decifra-me desta cidade
o mistério. De Níobe, minha mãe,
um coração de pedra herdei. E
de meu pai o capacete de Treva.
Invisível, por mil noites arrastaram-se
meus pés e agora advém a fadiga. Sequer
avoengas máscaras singulares deparei.
Oh! Devora-me, devora-me, pois o enigma
decifrar é a punhal fender meu peito.

V

Onde quer que estejas, em teu país
ou em outro, és estrangeiro: ninguém
tua língua compreende. Só, o deserto
de estranhas veredas percorres.
Conservas, no entanto, dos primeiros anos
o albor, quando tua cidade, madrasta e mãe,
teus sonhos na noite fresca velava.
A grande mão que afagou-te esmaga o peito agora.
Ah! Somos apenas o que somos. Apenas.

VI

Ainda que em escombros, irrompe
da cinzenta infância a cidade,
encalhada no Tempo, desprezada
fragata. Bacilos de Koch a gaita
de fole do peito carcomem: os dentes
a polpa dos sonhos cravam. Que desse
pesadelo acorde-me alguém, um corvo até,
que exausto estou – já se fecham de par
em par os olhos para a outra madrugada.

VII

Séculos e séculos caminhamos
e na encruzilhada tu e eu novamente.
A tiara de teus cabelos, um halo
na triste paisagem. O oráculo
de Delfos pressagiou: andaremos,
andaremos, e no princípio chegaremos.
Mas já não há lugar para calos nas mãos,
uma pedra ensanguentada rolo. Onde estão todos?
Onde estão, ó Demiurgo? Estamos sós?

paráguas verdes

Para Carlos Quiroga

1. Chegança

Para além das pedras, musgo e silêncios,
vozes deslembradas, cajados e a infinita
certeza de que sabemos nada, tudo sabendo.

2. Gaivotas

Grasnam, nostálgicas de mares outros,
insondáveis tripulações, ignotas terras.

3. Lembrança

Longe, minha mãe, muito longe.
Nunca abraçarão seus olhos a Catedral,
nunca suspirará na catacumba seu peito.
Longe, muito longe, minha mãe.

4. Palavras

Da Galiza trago uma palavra, rapaza.
E na Praza dos Obradoiros enterro outra, soedade.

5. Chuva

A Virxe da Cerca oferece-nos paráguas verdes.
A chuva escorre miudinha de um recanto do céu.

6. Hostal dos Reis Católicos

Com desprezo, espiam as gárgulas
os que embaixo passam, distraídos.
Fossem pombos, talvez cagassem em nossas cabeças.

7. Peregrina

Ajoelhada, soluça, inconsútil.
Para sempre, dispersos, vamos,
perdendo-nos em becos, ruas e vielas.

8. Sinos

Badalam a madrugada os galos.
Uma noite mais e se acalmam.

9. A Catedral

Leve flor de pedra do solo irrompe,
cinzentas torres suplicando aos céus.

10. Pão

Comemos.
E saciamos nossa fome de justiça.

11. Vinho

Na Ribeira Sacra me afogo.
Na Ribeira Sacra meu sangue.

12. Os mendigos

Um óbolo, solicitam os gravetos secos do pedinte.
Um óbolo, e do Paraíso abre-se a pesada porta?
Um óbolo, e a ferida que lateja lancetamos?

Um óbolo, solicitam os gravetos secos do pedinte.

13. Talião

Gentis sorrimos,
a outra face oferecendo.

14. Língua

A noite embalam cantigas de guarvaia
os trovadores lambendo as palavras
– gata a seus filhotes.

15. São Frutuoso

Dias embaralhados, os nossos.
Em copas – nos fechamos.
Em ouro – se vestem.
Em espada – aspiram.
Em paus – se pegam.

16. A outra

Vale afora entorna
a cidade velha.

17. Tartas

Come-as, meu pai, onde estiver:
doce bigode lambuzado,
amendoados olhos satisfeitos.

18. USC

Subamos, companheiro, a ladeira.
Aguarda-nos, lá em cima, oxalá,
um novo batalhão literário.

19. Despedidas

Quantas vezes fomos embora
e voltamos quantas vezes?

20. Esmorga

Devoram-nos os dias.
As noites devoramo-las.

21. Nacionalidade

Não tenho pátria,
tenho amigos.

22. Fim

De onde viemos?
Para onde vamos?
Os peregrinos sabem...

P.S:

Está instaurada
a galeguia – a galega
alegria, a galegria.

o amor encontrado

1

Desperto: a noite farfalha
teu nome. Estiveste aqui
há pouco. O chão da casa
acaricia teus passos breves
tua voz ilumina caligrafias
na parede, molda tua pele
o lençol ainda impregnado
de ausência. Desperto.

2

Há qualquer coisa de azul na tarde que escapole para
[além dos edifícios.
E não é nuvem, não é véu. Não é espectro, labareda, água.

Talvez relógios enguiçados, canções interrompidas,
Talvez visitas inesperadas, primaveras extintas.
Talvez tua delicada sombra fugidia.

3

Dezembro emergiu do calendário
agarrado em teus cabelos negros:
boiam horas impalpáveis
sobrenadam palavras ainda virgens.

No tumulto do oceano hostil
nossos sonhos resgatamos
conduzindo-os em cardumes
à região mais transparente.

4

No último dia do último ano da falseada infância
vomitando solidão pelas noturnas ruas da cidade
não imaginava que tu já existias, forma entre formas.
Magros dedos desenhavam efêmeros rabiscos
na suada vidraça de um inverno engastalhado na
[memória
cicatrizes maculavam teu corpo inúbil
pernas ocultavam silêncios entre os móveis
noites aqueciam mágoas
        aqueciam nódoas.

No último dia do último ano da falseada infância
vomitando solidão pelas noturnas ruas da cidade
só eu não existia ainda: tu me inventaste.

5

No princípio
eras palavra
verbo adjetivos
imagem subsumida
no etéreo universo.

Então encarnaste
sujeito predicados
nítida metáfora
flor calor cor
mar ar amar.

6

Cativo, em silêncio
amanho olores
de outras tardes
talvez havidas
no caos das horas
sempre as mesmas.

Mas lá onde gemem
de frio as noites úmidas
apascentavas sonhos
interpretavas pegadas
desertavas das dores
refugiada em alheias vidas.

Quanto de ti ressuma
paredes trêmulas
bocas silentes
mãos vazias?

Quanto de ti
são lonjuras distância
poeira de estradas
nunca percorridas?

7

Quatro ou cinco motivos
para renunciar, eis a coluna
de haveres. E persisti
embora tenham sumido

canetas e dias inteiros
no estranho calendário
que carrego às costas.

Eu não sabia – tu não sabias –
mas as fomes de domingos
as madrugadas rodoviárias
os nomes que se apagavam
as errantes ofertas dos ventos,
tudo nos empurrava para a porta
nunca aberta, nunca cerrada.

8

E súbito compreendo o primeiro não:
meus frágeis pés tocaram a água fria
e vi, descidos dos retratos ovais, rostos
que entulhavam a despensa de histórias.

E súbito compreendo o primeiro não:
meus braços cingiram a madrugada
rejeitando nomes, tão pouca terra
para tão grandes desaparecimentos.

E súbito compreendo o primeiro não:
o tempo avança do agora para o anteontem.

9

Ainda há pouco era dia.
Eu asilava na sombra
a estirpe dos antepassados.

Temia a chegada da tarde
com seus pássaros vertigens
cortejos fantasmagorias.

No entanto sem sabermos
caminhávamos ombro a ombro
evitando as largas veredas.

E quando afinal a tarde desceu
entre labirintos vales e cristais
entrelaçamos as mãos inseguras.

Juntos partilhamos o tempo
reconstruindo pedra e pedra
a vida que quedou imediata.

10

Não é a mesma tristeza de quando, assentado o dia,
recolhíamos a pálida solidão estendida no varal.

Não é a mesma tristeza de quando, cajados e ferrugem,
cerrávamos as portas ao uivo aflitivo das idades.

Não é a mesma a tristeza de quando, a lua, nos ignorando,
pulsava insone na treva, sob prenúncio do fim absoluto.

Não é a mesma tristeza de quando, carregada a alma,
despetalávamos as cinzas reveladas no monturo.

Não é a mesma tristeza de quando, intuída à distância,
imaginava-a em imensos quartos cultivando abris e
[maios.

Não é a mesma tristeza de quando, pertencente ao nada,
inventei teus abraços esculpidos em promessas e pólen.

Não, não é a mesma. Essa, a de agora, é beleza de
[cântaros
descansando vinhos, aquários vazios a aguardar
[caranguejos.

11

A madrugada me desperta com seus dedos frios
súbito me arrancando do lugar dos sonhos e maçãs.
Estive lá, amigos, em suores tremores elisões,
um país habitado por labaredas azuis, tão longe de tudo
e tão perto que meus olhos cansados me descreem,
desacostumados a olor de terra, a negras melenas.
Mas estive lá, amigos, os sulcos na pele testemunham,
estes espelhos nativos atestam, minhas mãos caladas
[certificam.

12

Poderia, quisesse, por estas ruas caminhar, olhos
[semicerrados.

Os pés calcam paralelepípedos de outrora, de antes
[de ontem,
os pássaros que lusco-fuscam a tarde imorredoura.
O mesmo céu azul, as mesmas nuvens, a igual
[melancolia.

As portas das casas humildes murmuram a dura lida.
As portas das casas humildes silenciam, obscuras.

Tudo me abraça, me retém. Tudo me refuta, me rejeita.

São hoje pó os velhos, ruínas os jovens. Nada, todos nós.
Meu corpo veste este mapa dilacerado, ignota senda.

Tu, que longe estás, inalcançável, tu és mais real
que esta cidade que percorrem meus olhos fatigados,
pedras e árvores que pouco a pouco transmudam
                                        [em paisagem.

jogos florais

Palavras de Adiel, o anjo surdo:
"Foram-se os anéis, e os dedos.
Foram-se tarde, vou-me cedo".

Recém-acesa a vela, apenas
um pequeno círculo delimita.
Após, aprendem os olhos
com as zonas mais escuras
lidar, iluminam
objetos indefinidos.
Lê o pé o chão,
braços sonâmbulos.
A noite devassada
a face não ruboresce.

Da calçada cumprimentava-nos
o Tempo e engalanado sentava-se
na puída poltrona da sala, honestamente
nos aguardando sob o retrato oval
de alguém que conosco se parecia, diziam.
Onde estaria agora, esse? Quanto envelhecemos
ali, à janela debruçados, nos indagando:
o que será, quando crescermos? Melhor
permanecêssemos sob a cama, escondidos.
Assim, quando o Tempo exasperado
se despedisse teríamos ressonado
e nem notaríamos os fiapos de pão
se confundindo com sua barba encanecida.

O Tempo tua pele
assoreou e perderam
o viço os olhos.
As vozes que ouves
farfalhar nos livros
(que nunca leste)
é o cicio de
insepultos ardores:
teu milharal.

(Para Marieta Micheletto)

Também eu me desesperei
quando quarou minha alma
a Morte, e a meu lado
ninguém havia. Jorra em
fonte pública nosso medo
e na poeira não mais
pegadas produzimos.
Renegados somos, nem da
treva nem da luz senhores.

Por que a convidaste, amiga,
esta indesejável criatura?
Não vês que apenas intriga,
nada respeita, nem das crianças
os sonhos, nem dos velhos a cisma?
Penetra em nossa casa, autoritária,
todos os cômodos esquadrinha. Na sala,
as vestes negras, horrenda,
desfila. No quarto adentra,
ceifa sua colheita amarga.
Por que a convidaste, amiga,
se era tão cedo ainda?

Envelhecemos, e teus projetos
aos sonhos retornam.
Aquela casa de campo,
quantos iriam visitá-la?
O filho inconcebido,
como mesmo irias nomeá-lo?
A viagem à Europa,
    este país, que naquele.

Envelhecemos, no entanto,
e tudo à volta rui.
A cidade irreal,
envolta em névoa, tua.

Envelhecemos, e teus sonhos
em sonhos permanecem.

Ao improjetado renunciamos
nas claras savanas. E ele
candeia-nos, sem forma, sem
fundo. Não é nuvem, não é
sonho, são apenas dois olhos
a nos apontar o dedo. Não
o cansa o mínimo peso. Quem
virá nos acordar, a nós, que
temos da sentença a certeza?

Dizemo-nos: num ermo o passado
abandonei, já não me alcança.
No entanto, amiga, o ar fareja
e nos persegue. Humilde à porta
ladra, a cauda abana, faz festas.
E os dentes nos crava nos calcanhares.

O Tempo na lamparina
queimava devagar, projetando
sombras, lembras?, perrengues
na parede. Ausente, agora,
não mais as vejo. Responde:
e tu? Tu as distingues?

arqueologias

Nem ouro nem gado
nosso legado:
dúvidas.

Das guerras, a cicatriz
no dorso, tributária.
Mas em nenhuma praça
teu busto em pedra;
em rua alguma,
branco sobre azul,
teu nome. Num único
livro, tua memória –
o de óbitos.

Meu pai, quando suas noites de sangue e palidez dormia,
contorcia-se como um legítimo artista de circo
e eram inquestionáveis suas mãos de gelo
como outra vez o eram seus olhos
de palavras vazios.

O há séculos arquitetado
rompe a página,
se faz homem.

Lampejam da serpente os olhos
ombreia da árvore o fruto,
se faz homem.

Enreda-se na tentação edênica
prova sangra e se cura,
se faz homem.

O que ama os cavalos
filho da luz e dos livros,
se faz homem.

(Para Filipe)

Seria azul, talvez, o dia.
Agosto, com certeza: vento,
hidrofobia.

Vão-se os anos, e a tua moradia,
a última, circunspecta,
gerencia

ainda nossos passos, fia
compromissos, nos norteia. Tua
ausência.

(Para José Célio)

Deitada, tão linda!
O azar vem a cavalo,
comentou-se. Menos
uma boca, uma louca,
menos um braço, um berço
a menos. Rezou-se um terço:
o calabouço.

Aguarda-nos: envolta a cabeça
num turbante, encoberto o rosto
pelo véu de uma samambaia.
Nada diz – agora as palavras
um estorvo seriam. Contempla-nos,
apenas – como fôssemos nós,

os mortos.

(Para Daniel)

Pacientemente despetalas
o sorriso
dente após dente,
como se a tecer rosas
num pano de prato, como
se a estabelecer regras
ao jogo recém-inventado,
como se a traçar retas
imaginárias sob as nuvens.

(Para Viviane)

Desaba dos dias o precipício
e a inútil escalada reinicio.
Do sonho o círculo apalpo
e nítido um vegetal corredor
avança, oferece-me a outra
face de uma inocente meia-água.
A porta se me abre e a irreal
mulher percebo: a cabeça tem
numa almofada de margaridas
recostada, sem cor os lábios,
branco algodão nas narinas.
O rosto, já não o alcanço:
embriaga-me a luz que explode,

                              matinal.

Um país olvidado chafurda em
sacos de lixo, sob a marquise –
à sombra dos monumentos descansa.

Um país olvidado agoniza, lá,
onde a história redemoinha,
do lado externo dos edifícios,
descentrado em relação a si mesmo.

No martírio das frias madrugadas,
um país olvidado aborta o tempo,
numa eclâmpsia quase inaudita.

Ela tem os cabelos brancos agora, mas já os teve
[castanhos.
Outros tempos aninhava-me em seu colo e enchia o ar
[de histórias
que vinham enroladas em coloridos papéis de balas
[sortidas.

As fronteiras cultivadas à noite pouco a pouco nos
[tornaram estranhos.
O que restou no embornal que trazemos à cintura são
[memórias,
fiapos de sonhos, destroços de esperanças por fim
[devolvidas.

Todas as maçãs vinham da Argentina
aninhadas em sedosos lenços lilases
perfume transbordando da madeira
invadindo as brancas manhãs jubilosas
uniformemente colegiais.

Nuvens e verduras murcham agônicas
em finais de tarde sempre primaveris:
ansioso, sua a fruta vermelha na mão
olhos empurrando os ponteiros do relógio:
aguardo meu pai na sala de visitas do hospital.

Anuncio-me em teu quarto
sob a forma de anjo
ou sem forma nenhuma.
São seis horas da tarde:
nesse instante minha mãe
eleva os olhos ao Altíssimo
e meu pai debruçado à mesa
da cozinha desenha fatigado
a contabilidade de seus erros.
São seis horas da tarde:
da janela do meu apartamento
vejo-te atravessar a rua
e não perceberes a vida
vindo a teu encontro
em alta velocidade.

Percorro um labirinto
de paredes úmidas
chão incandescente
e embora pertença à noite
ruído algum se manifesta.

À porta despojaram-me
das involuntárias esperanças.
Encaminhei o que de mim
resta para o corredor largo
e terrível que nos separa dos séculos.

manhãs de sabre

O anjo cego, Adiel, proclama:
"Das cores, a cor mais bonita
é aquela que nos olhos habita".

Difícil, talvez, à noite,
dos astros a helicoidal
trajetória mensurar.

Difícil, talvez, os montes
possuir e as águas e a
cidade a teus pés galgar.

Difícil, talvez, das ostras
e das algas no milenar
mistério penetrar.

Difícil, talvez, a póstera
rivalidade de filhos
e parentes balizar.

Mais difícil, contudo,
é de teus salgados olhos
o eco das pegadas decifrar.

No livro
de palavras usadas
surge teu nome,
e some.

Só em sonhos em mim
existes, só em sonhos,
e os anos cavam leitos
em meu rosto. As paixões,
comensais, desamadurecem:
um arrebol nos arredores.

A primeira perda
sob os pés aflora,
em sonho. Agora,
todas as manhãs
de sabre serão
também de insônia.

Límpida,
a manhã vocifera –
cadela aprisionada.

Teus olhos em
meu peito pousaram,
                    um dia.

Não fosse a distância
teu hálito novamente
recenderia,
                    aqui.

O sol murmura na persiana.

Tudo que tocas incendeia,
e não há aceiro que
teus olhos em brasa
segure quando sobre
teu corpo equilibra-se
meu corpo.

Não, amiga, nunca nos jogaremos
        da janela, como nunca nos
     engalfinharemos entre quatro
    partes de uma mesma receita.

  Porque o barro que nos compõe,
        é esse que nos desintegra.

(Para Josiane Lopes)

Não bastassem as pedras
nos adivinhados atalhos,
há o ocaso, as perdas.

Amiga, conta resistir, apenas.

A primavera chegou!, proclama a colegial sob a janela.
A primavera chegou!, confirma a manhã iridescente.
Mas não em meu quarto.

animália

Para Helena

o gato:

imperceptível
projeta-se
por sobre
o muro
e se esbate
contra a
sombra
das folhas
que coagulam
o verão
a tudo
indiferente

o cão:

pequena serpentina
acesa esquadrinha
em meio às coisas
recados objetos sinais
encontra uma pedra
que reina inconsútil
sobre ossos antepassados

as galinhas:

ciscam o arco-íris
espalhando cores
para todos os lados
tingindo o céu
de um vermelho
choco, indefinido

o coelho:

as orelhas captam
o indizível
o mínimo rumor
e engolfa-se
em pensamentos,
compenetrado
destrói as
couves e alfaces
cotidianamente

Em tempo:
Fôlego felino

Cinco vezes já morri:
quando estive em coma por três dia;
quando morreu meu irmão;
quando morreu meu sobrinho;
quando morreu minha mãe;
quando morreu meu pai.
Faltam-me duas vidas.
Espero que, na última,
quando minha vez chegar,
eu esteja tão distraído
que terão que me chamar novamente.

os mortos vivos

1. A mãe

Minha mãe sepultou as parcas alegrias
em uma lata colorida de biscoitos
que diziam de origem dinamarquesa:
três filhos que vingaram, um que não,
sombria matemática de outros tempos;
a água fresca da mina em seu rosto;
uma viagem de carro à praia longínqua,
quando enfim estabeleceu dessemelhanças
entre areia e ondas, ruínas e posse;
o mugido de vacas tangendo a alvorada;
um cachorro de nome Peri, outro, Veludo;
vizinhas engraçadas, vizinhas sisudas;
a comadre que se foi para São Paulo.

Suas mãos queimadas de água-sanitária
jamais colecionaram retratos ou sorrisos.
Guardavam imagens que se extraviaram
incendiando as nuvens desta tarde clara
que a tudo ignora, eterna em seu mutismo.

2. O pai

Nasceu meu pai do ar e com os ventos se criou.
Foi tempestade, aragem, borrasca, placidez, estio.
Ninguém o ouvia, sua voz rouca pregava o livro santo
para insetos e pássaros que inundavam as matas
calcinadas da minha infância mais que obscura.

Seus passos miúdos vasculhavam a cidade
e, às horas mortas, exausto, compreendia
a invisibilidade de seu corpo inútil e vazio.

3. O irmão

O rádio chovia a noite toda ondas curtas
que meu irmão insone sintonizava.
As estrelas chuleadas no azul escuro
fascinavam bocas cobiçosas de idades.
Ronronavam as horas quietas em seu colo
e formigas escalavam a parede pacientes
carreando fragmentos de conversas do quintal.

Meu irmão acreditava em galinhas e alfaces
e mantinha sob a cama, agrilhoado,
um deus feroz, vingativo e rancoroso.
Ignorava relógios e ampulhetas, imerso
o corpo nas águas límpidas do presente.

Por inveja, ciúme ou ingratidão, explodiu
numa cinzelada manhã de gatos baldios,
cicatrizes a envenenar estes dias vulgares
que se abatem como látegos em meu dorso.

4. O avô

Meu avô vestia com um nome
a paisagem de seu corpo agreste
e comemorava cada manhã haurida
no desespero das dores incontornáveis.

Ultrapassadas montanhas e oceanos,
das raízes de seus pés floriram miragens.
Necessárias gerações de fracassos
descobririam os calos férteis
de longínquos canteiros abandonados.

Agora, neste exato instante,
silenciosos olhos desertos
dardejam minha boca de rubi.
Restituo-lhe o nome próprio:
tornamo-nos histórias compridas
sussurradas entre paredes.

5. A avó

Amortalhada em seu quarto minha avó enxaguava
os longos cabelos grisalhos em bacias de estanho,
aspirando com sofreguidão o fim inevitável.
Mirava-me perplexa, como se eu, e não ela, o fantasma,
murmurando sentenças a ninguém mais compreensíveis.
Seu corpo frágil desconhecia sombra e, secretamente,
cultivava antúrios, margaridas e rosas de plástico.
Nas madrugadas, excomungava os pesadelos,
agarrando-se a rosários, fiando promessas incumpridas.

Nunca conheceu a felicidade, minha avó, e a alegria,
substantiva, acariciou-a certa feita, quando, inerte,
na cama, primavera entrada, balbuciou o nome
daquele pássaro que, erradio, debatia-se com vigor
contra as paredes e as telhas que o asfixiavam.

maio, 2020

Exilado entre as quatro paredes do meu quarto
Tendo por única companhia
O silêncio ancestral dos meus gatos
Acompanho imperturbável
O naufrágio lento do imenso barco
Que outrora eu chamava utopia

Sei que por detrás das cortinas da janela
Há rangidos, gritos, alvoroço
Mas meu corpo se recusa a ir até ela
Pois sondar o insondável
Não traria de volta o meu querê-la
E aguardo calmo a água me alcançar o pescoço

Eu idealizei futuros impossíveis, até quis
Abraçar as multidões, amar o estranho
Mas tudo que aqui finquei, toda raiz
Mostrou-se frágil, inviável
Percebo tarde demais que daquele país
Nada mais resta, nada ficou, nem mesmo o sonho

Nota

Manhãs de sabre reúne alguns poemas recuperados de *Cotidiano do medo* (Alfenas: Mandi, 1984) e os publicados em *As máscaras singulares* (São Paulo: Boitempo, 2002), *Paráguas verdes* (São Paulo: Ateliê Acaia, 2011, com xilogravuras de Xiloceasa, edição não comercial de 250 exemplares numerados) e *O amor encontrado* (São Paulo: Edição do Autor, 2013, ilustrações de Tadeu Costa, edição não comercial de 10 exemplares numerados), além de inéditos.

L.R.

Sob a lâmina do sabre

– escavações poéticas de Luiz Ruffato –

Maria Esther Maciel

Escavar o tempo para encontrar os resíduos do que já não existe, recolher as reminiscências de uma história que o esquecimento não rasurou de todo, trazer à luz as coisas que se escondem sob as dobras do presente e da memória: essas são algumas das tarefas "arqueológicas" da poesia. Se a arqueologia é a ciência da escavação, da investigação do passado mediante os testemunhos materiais que dele subsistem, a poesia que se presta à sondagem desse mesmo passado escava-o para sondar, pelo exercício dos sentidos e da imaginação, os resíduos imateriais que dele permanecem nas dobras do presente.

Esse trabalho poético de escavação um tempo vivido e reimaginado atravessa, com intensidade, as páginas deste *Manhãs de sabre*, de Luiz Ruffato, sem se furtar ao registro das horas, por vezes terríveis, do agora do mundo, como atesta o poema "Maio 2020" – que encerra o volume – sobre estes anos de peste que estamos vivendo.

Amplamente conhecido/reconhecido como autor de narrativas primorosas e instigantes, Ruffato sempre transitou em vários gêneros textuais, com a destreza própria dos grandes escritores. Tendo se consolidado sobretudo como romancista, publicou obras medulares nesse gênero, como *Eles eram muitos cavalos* (2001),

Estive em Lisboa e lembrei de você (2009), *Inferno Provisório* (2016), *Flores artificiais* (2014) e *O verão tardio* (2019). Neles, experimentou registros distintos e entrelaçou várias modalidades discursivas, num exercício constante de experimentação e de manejo rigoroso da linguagem. Seus contos também se inserem nesse árduo trabalho de elaboração narrativa, evidenciando a maleabilidade literária do escritor mineiro.

Vale apontar, ainda, que todas essas obras em prosa, à parte suas potencialidades narrativas, não prescindem da inflexão poética. Como já disse o próprio escritor numa entrevista, a poesia "encharca minha prosa". O que se dá a ver, inegavelmente, na minuciosa atenção dada pelo autor aos ritmos da frase, às imagens bem urdidas e aos voos da inventividade. E que aponta para sua intrínseca relação com a escrita poética, visto que Ruffato iniciou suas atividades literárias como poeta na adolescência, embora só tenha publicado seu primeiro livro de poemas em 2002, sob o título de *Máscaras singulares*.

Aliás, esse livro ocupa uma das seções de *Manhãs de sabre*, assim como dois outros já publicados – *Paráguas verdes* (2011) e *O amor encontrado* (2013), aos quais se somam vários poemas recuperados de *Cotidiano do medo* (1984), além de vários inéditos.

Uma constante do livro é a figura/voz de um anjo que abre várias das seções. Chamado Adiel, o anjo é surdo e cego, mas fala dos ruídos do silêncio solitário e da cor que "nos olhos habita", além de ser caracterizado como o "*angelus novus*". Remete, dessa maneira e por vias oblíquas, tanto ao "anjo terrível" de Rilke, como ao "anjo torto" de Drummond e ao "anjo da história" de Benjamin. Os dizeres que esse anjo imperfeito anuncia são sentenças poéticas voltadas, sobretudo, para o exercício sensorial, que preparam os sentidos do leitor para a fruição dos poemas que se seguem às falas.

O tom elevado dos poemas incluídos nessas partes anunciadas pelo anjo reforça o traço rilkeano que as atravessa, como nestes versos da seção "A sedição dos mitos":

A Eternidade é-me, involuntária.
Alterna-se a legião de anjos
a bicar meu estômago.
Abandonou-me a sombra,
exausta da espera.

Algo solene, de matriz bíblica, aparece aqui e ali nessa mesma seção, ao que se junta um olhar metafísico do poeta sobre a vida e a história. Os mitos se articulam à hora do mundo evocada pelo poeta, ao espaço urbano e às experiências mundanas. Se, em um dos poemas, Deus "caminha felino pelo jardim" e "joga dados na casa vizinha", em outro, Pandora bate à nossa porta, e a voz sagrada ecoa entre os cães da calçada e as embalagens de margarina.

Na seção anterior, "Paisagens", a realidade humana como que nos prepara para esse jogo entre o sagrado e o prosaico. Lá, o poeta evoca, liricamente, as ruas de pedra, os labirintos de Ouro Preto, o Pico do Itacolomi, "a areia acetinada do Oceano Atlântico", a floresta, as "imensas montanhas", a janela de um quarto e um território inominado, "amplo, neutro, ensolarado". São cenários para experiências de solidão, silêncio e horas abissais, onde o sagrado já se prenuncia na forma de "alguém, ou algo" que nos aguarda, "na mão esquerda um ábaco, uma adaga/ na mão direita".

Para tratar dessas paisagens e experiências, Ruffato cria uma dicção própria, desvia-se da expressão fácil, modula sua própria linguagem poética à medida que a constrói. Para tanto, vale-se de torções e inversões da sintaxe, metáforas refinadas e palavras raras; dialoga com a tradição clássica, ao mesmo tempo em que a reconfigura no mundo contemporâneo.

Pode-se dizer que o sujeito poético que se manifesta em seus poemas revela uma inquietação intrínseca, própria do humano quando confrontado com o enigma da vida ao redor e com a constatação de que tudo tem um fim. Essa inquietação, longe de ser apenas uma categoria vaga de sentimento ou um estado de alma, incide nos textos como pulsação, desestabilizando nossas certezas diante do mundo e da humanidade. A consciência da morte e da impermanência torna-se, assim, uma das linhas temáticas dessa poesia, presente de maneira pungente na seção intitulada "Jogos florais", em que o "Tempo", com seu poder corrosivo, é evocado como um personagem de traços humanos e divinos ao mesmo tempo, assim como a "Morte", igualmente personificada. Outro viés que se mostra em diversos momentos da obra é o da crítica social, marcado pela mesma inquietação presente nos poemas mais existenciais. É o caso, por exemplo, deste belo poema da seção "Arqueologias":

> *Um país olvidado chafurda em*
> *sacos de lixo, sob a marquise –*
> *à sombra dos monumentos descansa.*
>
> *Um país olvidado agoniza, lá,*
> *onde a história redemoinha,*
> *do lado externo dos edifícios,*
> *descentrado em relação a si mesmo.*
>
> *No martírio das frias madrugadas,*
> *um país olvidado aborta o tempo,*
> *numa eclâmpsia quase inaudita.*

Essa seção integra, ainda, poemas que falam de guerras, evocam a memória familiar, falam da morte inevitável, dirigem-se a um "tu" que ora não se define, ora surge como uma mulher. A sondagem do passado e do presente se faz aí por vias oblíquas.

Assim, se em muitos poemas do livro predomina a indagação metafísica, a perplexidade do poeta diante dos problemas do presente também se dá a ver explicitamente, já que ele não se furta a trazer à luz – pelo tecido elaborado da linguagem – as contradições sociais do mundo contemporâneo. E o cenário urbano não deixa de desempenhar, nesse contexto, um papel fundamental. É nele, aliás, que as mais incisivas chagas sociais se manifestam sob o olhar atento do autor.

A presença da cidade na poesia de Ruffato se faz ver, especialmente, na parte intitulada "As máscaras singulares". O primeiro poema da série já anuncia um conjunto de cidades, vilas e povoados, por meio da imagem de um mapa estendido sobre a escrivaninha. Diante dele, o sujeito poético tenta capturar, nas linhas que o compõem, uma entrada mágica para o desvendamento dos enigmas do espaço geográfico que se oferece ao seu olhar. O mergulho efetivo na cidade acontece a partir do segundo poema, evidenciando uma interseção entre o eu e o espaço, onde o dentro e o fora se embaralham e se confundem:

> *Habitam as sombras a cidade que habita*
> *Um corpo que nela habita num momento, esse.*

Esse eu, na verdade, empreende um retorno (provisório) à cidade, que o leva a justapor os atos simultâneos de vê-la e reconhecê-la, pois o que o que é visto se associa aos traços que dela foram retidos pela memória. Ademais, o próprio sujeito se reconhece no que vê, como num espelho, assim como a própria cidade se reconhece:

À cidade retornar é diverso de nela
permanecer, mesmo que em pensamento.
Volver: nas ruas subsumir a própria face
espelhada. Estar no porão da cidade todo
tempo: ela mesma reconhecer-se, objetos
olvidados na memória reordenar.

As imagens que se seguem para qualificar a cidade são múltiplas e sensoriais. Se, no poema III, ela emerge do pântano, com a "vasta cabeleira" fustigada pelo vento, no IV ela surge como um enigma para, nos últimos poemas da seção, ser tratada como uma espécie de pátria para os desterrados e estrangeiros, ou uma terra de escombros, devastada.

Vale mencionar que o jogo de imagens está presente ao longo de todo o livro *Manhãs de sabre*. Ruffato cria uma rede imagética que exige do leitor um desprendimento conceitual e uma abertura aos voos da imaginação. As metáforas criadas pelo poeta, entretanto, prestam-se menos à figuração que à transfiguração de coisas, lugares, ideias e sentimentos, desviando a linguagem de seu curso previsível.

Se, de maneira geral, um traço classicizante permeia todo o livro, pode-se afirmar que os temas e formatos dos poemas variam de seção a seção. Poemas mais extensos e espessos convivem com outros bem concisos e concentrados. Tal concisão, por exemplo, é a marca da seção "Paráguas verdes", em que Luiz Ruffato cria 22 pequenos extratos poéticos (alguns com apenas 2 versos), seguidos de um não menos breve "P.S.", para falar dos "itinerários em Santiago de Compostela". Diversos elementos peculiares que compõem esses itinerários são listados pelo autor, como os sinos, o vinho, os mendigos, a língua, a chuva, a Catedral, entre outros. Ao percorrer poeticamente esse território galego, o poeta explora as várias camadas de sentido da linguagem, além de extrair da experiência de viagem indagações sobre nossa própria existência, como no poema "Fim":

> *De onde viemos?*
> *Para onde vamos?*
> *Os peregrinos sabem...*

Poemas mais concentrados também compõem a seção "Manhãs de sabre", como este:

> *No livro*
> *de palavras usadas,*
> *surge teu nome,*
> *e some.*

Em "Animália" – pequeno bestiário de animais domésticos – os poemas apresentam, com a mesma brevidade, o cão, o gato, o coelho e as galinhas, com ênfase nos traços e movimentos desses entes, em linguagem fluida e sinestésica. É uma parte quase avulsa em relação ao conjunto, que contribui para torná-lo ainda mais vário.

Já a seção "O amor encontrado", que acolhe os poemas do livro de mesmo nome, publicado anteriormente pelo autor em edição artesanal e restrita, tem como linha de força o lirismo amoroso. Com imagens sutis e um ritmo que se modula em consonância com o estado de alma do poeta apaixonado, os poemas deflagram uma cadeia de sensações e sentimentos transfigurados pela matéria verbal, como se vê no poema n. 5:

> *No princípio*
> *eras palavra*
> *verbo adjetivos*
> *imagem subsumida*
> *no etéreo universo.*
> *Então encarnaste*

sujeito predicados
nítida metáfora
flor calor cor
mar ar amar.

A toda essa combinatória de temas, formas e formatos que define o livro se somam os poemas memorialísticos da penúltima seção, que trazem à tona a presença ainda viva de pessoas que já se foram. Intitulada "Os mortos vivos", ela reúne cinco "retratos" de antepassados familiares: a mãe, o pai, o irmão, o avô e a avó. São poemas com forte carga afetiva, nos quais os mortos queridos nos são apresentados de forma lírica e, de certo modo, descritivo-narrativo.

Num processo afetuoso de escavação do tempo, o poeta faz uma atualização de seu próprio passado, a partir da evocação de reminiscências, fragmentos de imagens e de sensações vividas, com o intuito de manter viva a presença (em ausência) de seus mortos. A história familiar que emerge desse processo é feita do alinhavo desses resquícios temporais, em que o passado perdido volta ao presente, reconstruído pela lembrança e reimaginado pela poesia.

Assim, em *Manhãs de sabre*, Luiz Ruffato vem evidenciar os poderes inventivos da memória, flagrar as iminências do agora, escavar inquietações íntimas e coletivas, sempre atento à força laminar da linguagem poética.

*

Março de 2021

Este livro foi composto com a tipologia
Chaparral e impresso em papel
Pólen Bold 90g/m² em setembro de 2021.